校园花式足球

1~2级
（含教学视频）

主　编　王勇川

副主编　张国勤　蔡谷丰　冯晓峰

人民体育出版社

丛书总序

花式足球是一种新型的足球活动形式，是足球运动的延伸，彰显趣味和技巧。它不受场地限制，适合课外自我锻炼。本丛书以全国校园足球特色学校——上海市金山区兴塔小学和枫泾小学的花式足球教学实践为依据，经过提炼形成系统的教材，是可以复制的体育课内容和趣味足球活动。

本丛书力求用花式足球的趣味性来提高同学们身体锻炼的积极性。花式足球动作主要来源于街头足球，它反映了足球的原生态。学校中开设花式足球课程，是足球回归自然（玩耍）、释放紧张（减压）和娱悦身心（兴趣）的过程，也是为竞技足球打下广泛人才基础（选材）的需要。校园花式足球的开展，可帮助同学们培养足球兴趣，进而生成平和、自主、自强和钻研的心态。一旦同学们熟悉了球性，其控球能力自然会大大提高。倘若控制不住球而只是追逐，则无法真正体验到足球的乐趣。这样的控球能力获得是从培养兴趣开始，并足以支撑足球兴趣的发展和稳定，最终实现"终身体育"的理念。

为了循序渐进地引导同学们参与花式足球活动，本丛书根据不同的难度分为1~2级、3~4级和5~6级三本书。1~2级适合小学低年级，以发展基本活动能力为主；3~4级适合小学中年级，以熟悉球性和学习花式足球基本动作为主；5~6级适合小学高年级，以初步掌握花式足球基本动作为主，能够做简单的组合动作，提高对抗中的控球能力。

由于同学们用于体育锻炼的时间有限，所以利用碎片时间进行练习很有必要，为此，丛书设计了"回家作业"环节，旨在填补校外体育锻炼的空白，或可成为提高我国足球人口和水平的一个有效方法。

由于大多数花式足球动作速度快、节奏变化多，仅看文字和图片较难理解，为此，丛书配有教学"扫码视频"，以方便同学们学习。

本丛书是我国第一套以花式足球为内容的校园足球教材，写法上从学生视角出发，其内容可供教师教学参考。本丛书不仅是足球教学内容的创新，也是教学手段多样化的尝试。期望通过教材建设进一步完善花式足球教学，为轰轰烈烈地开展校园足球活动增加新亮点。

目　录

前言	（1）
第一单元　走动	（2）
主题1　自然走动	（2）
主题2　单脚走动	（6）
主题3　手滚球走	（10）
主题4　学动物走	（14）
第二单元　跑动	（18）
主题1　自然跑动	（18）
主题2　变速起动	（22）
主题3　变向跑动	（26）
主题4　多样跑动	（30）
第三单元　跳跃	（34）
主题1　单脚跳跃	（34）
主题2　双脚跳跃	（38）
主题3　向上跳跃	（42）
主题4　向前跳跃	（46）
第四单元　滚转	（50）
主题1　向前滚翻	（50）
主题2　侧扑侧滚	（54）
主题3　身体旋转	（58）
主题4　保持平衡	（62）
第五单元　综合	（66）
主题1　快乐轮转	（66）
主题2　能力测试	（70）

前　言

　　活泼好动是少儿的天性，所以同学们都喜欢走出户外、喜欢体育课、喜欢一起追逐足球。经过几次踢球尝试，同学们会感到脚不听话，不能很好地控制球，为此懊恼，足球兴趣有所减弱。

　　同学们不用懊恼，我们营造了宽松的课堂氛围，设计了很多同学们喜欢的游戏，将脚难以控制球的练习改换成用手控制，保持活动的连续性和趣味性，让同学们在没有压力的情况下参与足球活动。初学者进行足球活动的宗旨就是"参与"，只有"参与"足球活动才能体验到它的乐趣，才能与同伴们一起在足球场上奔跑，才能引发兴趣。

　　对于初学者，我们的教学以发展基本活动能力为主，并将足球融入学校体育目标中，帮助同学们提高平衡、协调、灵敏等素质，为之后学习花式足球打好基础。这些练习都是在有趣的游戏中进行的，只要同学们参与其中就会有所收获。

　　让我们一起来玩，一起追逐、一起踢球、一起快乐！

第一单元 走动

主题1 自然走动

走动是我们移动身体的主要方法。准确的走路姿势可以使我们走路自然、省力、协调。

走动是足球活动中经常出现的移动方式，足球活动中走动时需要观察同伴、对手和球的情况。

准确动作

两臂自然摆动

挺胸收腹

眼睛前看

上体正直

错误动作

吃东西

不平衡

看手机

练习1 动物运动会

动作方法

　　疾走鸟　　　　　独脚鹤　　　　　大象腿　　　　　猫步走

组织方法

- 两路纵队，两队接力比赛
- 每名学生依次做以上4种动作，到终点线后快速跑回

动物运动会

练习2 托球接力

动作方法

手掌托球

手臂前伸

"老师，托球走路时眼睛应该看哪里？"

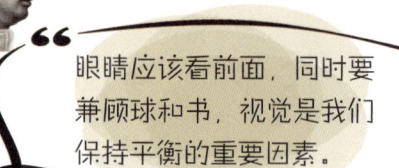

"眼睛应该看前面，同时要兼顾球和书，视觉是我们保持平衡的重要因素。"

组织方法

- 两路纵队
- 托球走到终点线后跑回

两路纵队

回家作业1　端水登梯

动作方法

手臂前伸

1楼到3楼×5次

回家作业2　闭眼走路

动作方法

- 闭眼走5米
- 双臂自然摆动，上体保持正直，力求走直线
- 增加难度，可听指挥闭眼走路

回家作业

闭眼走5米×5次

闭眼走路

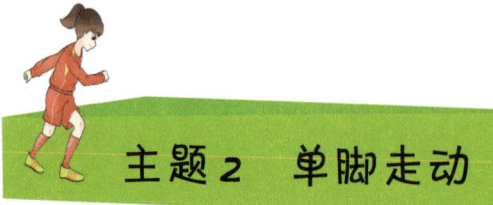

主题2　单脚走动

单脚走动类似于足球活动中的运球动作，这个动作可以使我们在不失去平衡的情况下携带球移动。

单脚走动时左脚支撑（以抬右脚为例），右脚向前迈动时重心跟上，脚背绷紧、脚趾向下，眼睛看前方。

动作方法

右脚前迈

身体跟上

重心下降

脚尖下指

老师，练习单脚走动有什么作用？

可以提高平衡能力、协调性，为运球打好基础。

练习1 沿线走

练习秘籍

走动时右脚总在前面

脚背立起，踝关节紧张

组织方法

- 一路纵队，单脚领先走
- 沿着足球场的线段走

练习2 小鸡找妈

练习秘籍

眼睛看老师

脚控制好球，用脚背推球

组织方法

- 每人一球跟随老师运球
- 保持与其他同学的距离

回家作业1 抓网踢球

动作方法

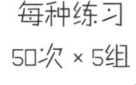

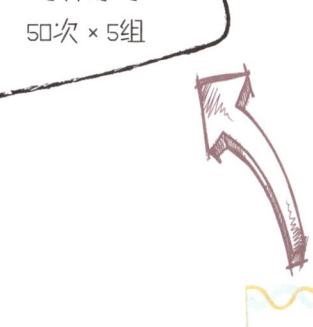

每种练习 50次×5组

脚背正面踢球

大腿踢球

回家作业2 单脚领先走

组织方法

- 小区空地
- 单脚领先走
- 手抓球网，脚背正面踢球或大腿踢球

每种练习3分钟×5次

主题 3 手滚球走

手滚球走是走动中用手控制球在地上滚动。手滚球可以做出各种方向的移动，因此，手滚球也十分有趣。

手滚球改变了我们直立走路的姿势。此练习可以提高我们的协调能力、降低身体重心，是提高球性的好方法。

动作方法

向前滚动

向后滚动

向左滚动

向右滚动

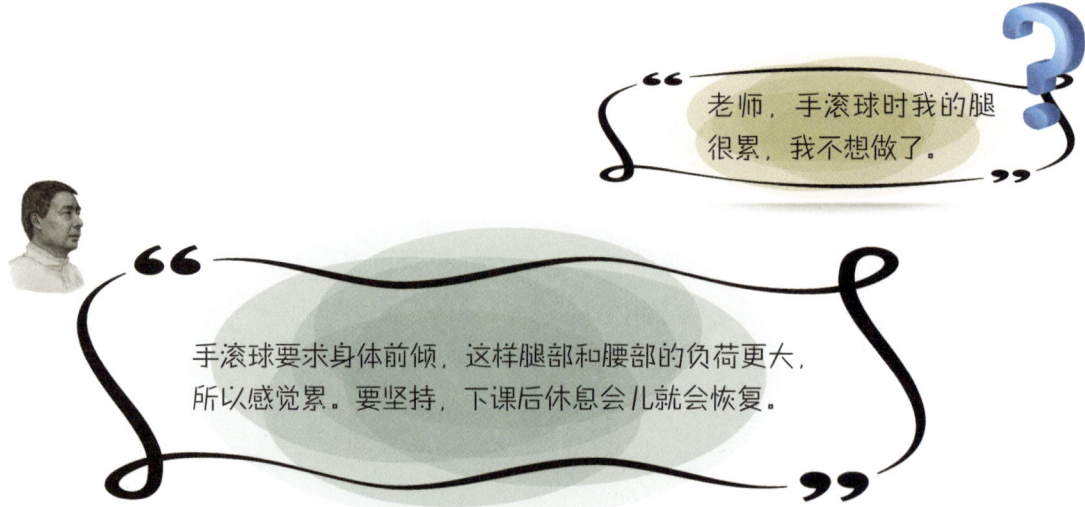

" 老师，手滚球时我的腿很累，我不想做了。"

" 手滚球要求身体前倾，这样腿部和腰部的负荷更大，所以感觉累。要坚持，下课后休息会儿就会恢复。"

练习1 找宝藏

练习秘籍

观察场上的情况可以更好地做出决策

脚步灵活

运用不同的触球部位变向

组织方法

- 放置3种颜色的标志物，分别代表黄金、红宝石、蓝宝石
- 每人一球，用手运球
- 记录30秒摸到的标志物的次数或同样颜色的标志物的次数
- 记录30秒摸到不同组合的标志物的次数（如"红—黄—蓝"为一组）

11

练习2 保卫地球

练习秘籍

- 用臀部隔开对手
- 抬头观察
- 用远离对方的手控球

组织方法

- 每人一球，用手运球
- 设法将别人的球推出练习区域
- 球被推出后的学生退出练习
- 球不能离地

回家作业1　灵猴戏球

组织方法

- 两人一球设法控制球
- 球不能离地

2分钟×5组

回家作业

回家作业2　绕水瓶

组织方法

- 放置一路水瓶
- 用手运球蛇形绕水瓶

10米×5次

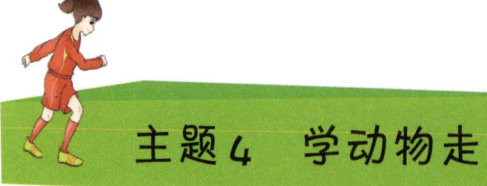

主题 4 学动物走

同学们都喜欢去动物园看动物，但是你是否注意过动物走路的特点？

乌龟走路爬啊爬，企鹅走路摇啊摇，鸟儿走路大步迈，袋鼠走路蹦蹦跳，狮子走路大摇摆。

讨论：我所知道的动物走路姿势

什么动物运球最快？

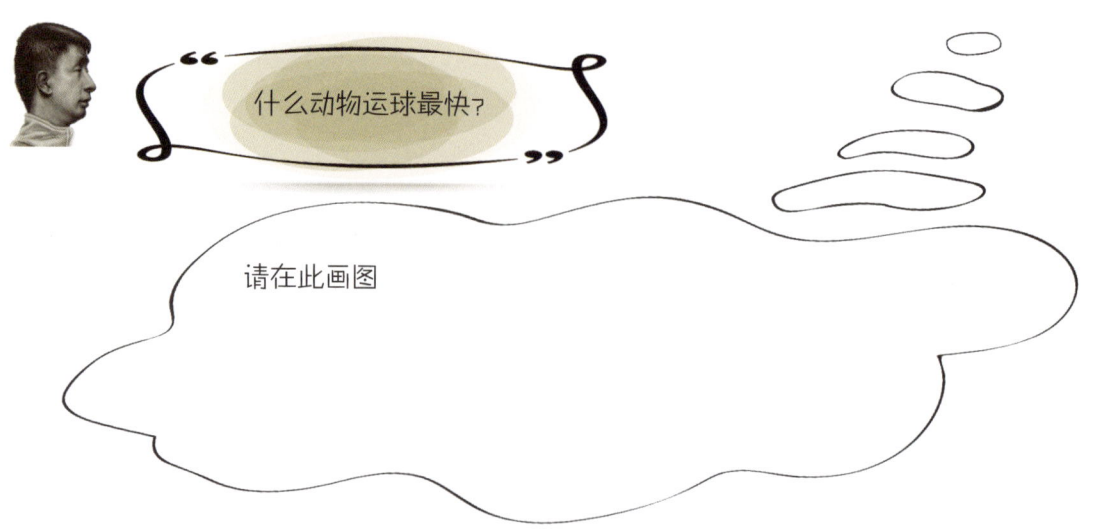

请在此画图

练习1 企鹅脚

练习秘籍

两脚内侧交替碰球

膝关节微屈，重心下降

组织方法

- 两列横队，每人一球
- 依次做以下练习

原地企鹅脚　　企鹅脚+摸地　　企鹅脚+摸球　　企鹅脚+踩球　　企鹅脚走

练习2 穿山甲

练习秘籍

手掌推球后部

头推球前进

组织方法

- 两路纵队，每队一球
- 两队接力
- A至B手推球后部前进，B至C头顶球钻过栏架，C至D俯卧头推球

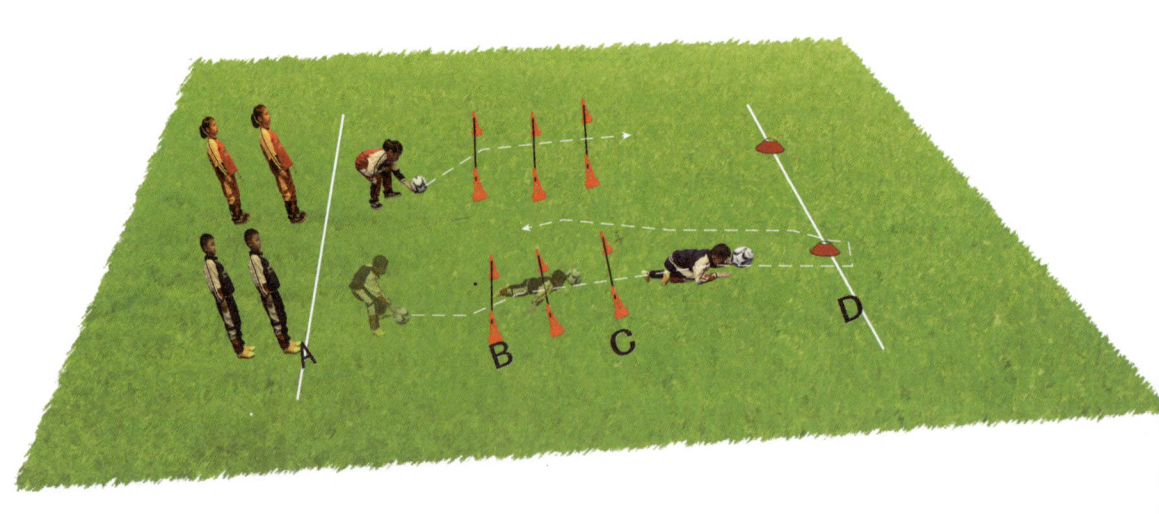

16

回家作业1 螃蟹运球

动作方法

- 仰卧，双手双脚支撑，臀部离地
- 双脚控制球
- 移动时，先移动手再移动脚

5米×5组

回家作业

回家作业2 企鹅脚+

动作方法

- 做5~6次企鹅脚后做1~2次以下动作

1分钟×10次

踩球

后拉

内抹

外抹

17

第二单元 跑动

主题1 自然跑动

跑动是我们快速移动身体的主要方法。准确的跑动姿势可以使我们跑得更快、更省力、更协调。

跑动是足球活动中基本的移动方式。跑得快的人能够抢到球、占据有利位置，还能抢先射门。

足球活动中的跑动不是单一的直线跑，它的跑动方式多样、跑动速度多变，跑动中需要做出各种动作。

动作方法

两臂自然摆动

身体前倾

眼睛前看

后脚用力蹬地

练习1　抢西瓜

动作秘籍

跑动中眼睛看老师，耳朵注意听

抢球时注意安全

听到哨声后快速抢球

组织方法

- A和B两区域相距15米
- B区内放置少于参与人数的球
- 同学们先在A区做慢跑、拉伸等，听到老师信号后快速跑到B区域抢球
- 之后慢跑回A区，继续下一次练习

练习2 摸门柱

动作秘籍

过标志物时步伐频率快

过标志物后步幅大

组织方法

- 两路纵队，接力比赛
- A处出发，B处跑过7个标志物，C处跑到D处摸球门柱后，按原来的路线返回
- 与第二位同学击掌后，第二位同学开始练习
- 可采用小步跑、侧滑步、单脚跳、双脚跳、蛇形跑等方式跑过标志物

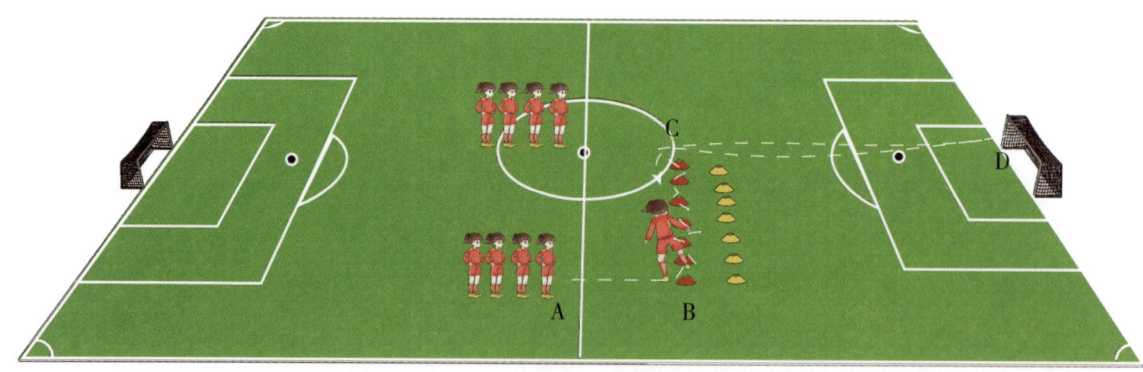

回家作业1 步伐练习

动作方法

小步跑　　快步走　　单脚跳　　高抬腿

每种动作 30秒×10组

回家作业2 自然地形跑

动作方法

- 自然跑动，着运动装
- 在家附近，安全、空旷的地方
- 练习之前应做准备活动

5分钟×5次

回家作业

主题2 变速跑动

当你为了不迟到,快速跑步是很好的方法,当你已经到达,你就会放慢速度,这就是变速跑。我们的生活中有很多这样的变速跑,需要我们有一定的下肢力量和跑动技巧。

足球活动中,足球是我们追逐的目标,足球忽快忽慢、忽左忽右,瞬息万变,引领着我们不断地变换速度跑。通过足球活动可以提高我们跑的能力和跑的实用性。

讨论:生活中有哪些变速跑动

足球活动中的变速跑

抢点射门

抢占位置

快速接球

追逐足球

练习1 听我指挥

动作秘籍

A指挥B下蹲

A指挥B向前跑

组织方法

- AB两人一组，A在菱形外，B在菱形中间
- A用手势指挥，B在中间原地慢跑，根据A的手势做练习
- A可指挥B做向前、后、左、右跑以及下蹲、跳起、转身等

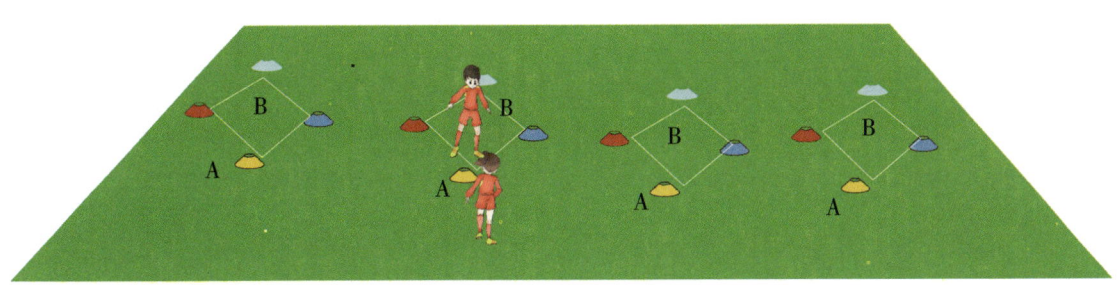

练习2 一起打老虎

动作秘籍

大腿后摆，用力踢球

抬头观察，兼顾四周，灵活躲避

圈外"猎人"　　　　圈内"老虎"

组织方法

- 同学在圆圈外，老师（或同学）在圆圈内
- 同学们用3个球设法踢到老师
- 当球踢到圈外时应快速捡回

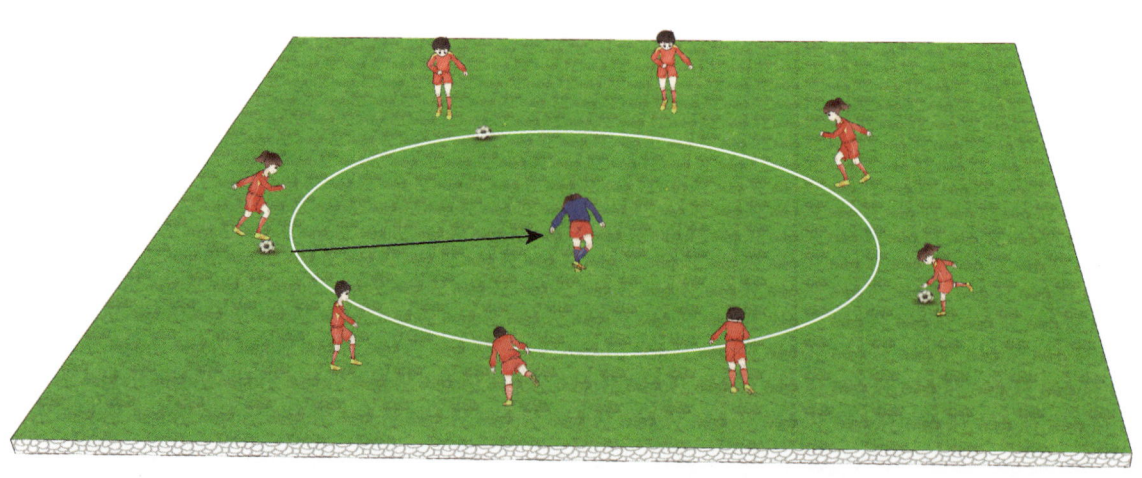

回家作业1　石头剪子布

动作方法

- 石头（双脚并拢）、剪子（双脚前后分开）、布（双脚左右分开）
- 两人同时做动作

两人用脚猜拳

胜者追输者逃

10次×2组

回家作业

回家作业2　小步跑

动作方法

- 小区空地
- 小步跑

1分钟×5次

主题3 变向跑动

我们在跑步时,遇到了小河、围墙等障碍物就要改变方向,这就是变向。我们一天中会有很多次变向,变向的前提是眼睛观察。

足球活动中我们一般跟着球的变向而变向,因此变向非常多、非常快,随机性很大。

讨论:生活中有哪些变向跑动

变向时要注意什么?

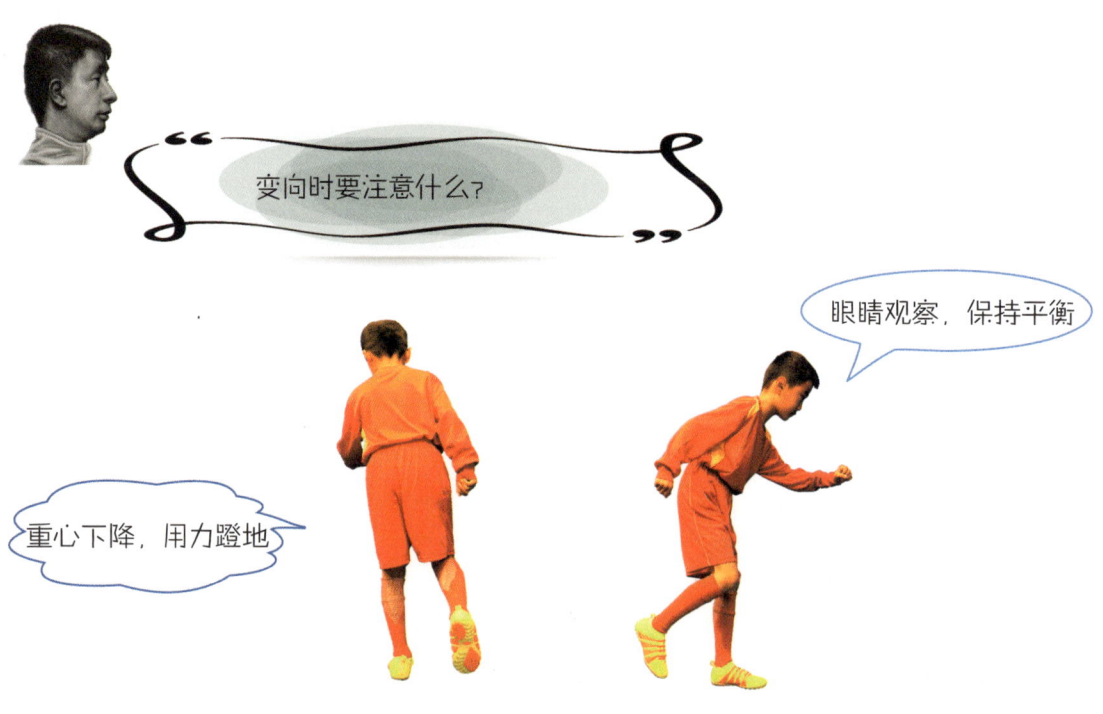

重心下降,用力蹬地

眼睛观察,保持平衡

练习1　突破封锁线

动作秘籍

两人牵手阻截

统一行动，手臂伸开

突破同学

抬头观察，多人配合，制造空当

组织方法

- 两人牵手（红色）为一组，共4组，设法阻止3名突破同学
- 3名突破同学（蓝色）设法突破穿红色标志服同学的阻截，到达终点线结束
- 阻截队员必须两两牵手，不能拉突破同学

27

练习2 抓兔子

动作秘籍

跑动中突然反方向跑

观察穿蓝色背心同学的动向，3人统一行动

组织方法

- 3人牵手，其中1人穿蓝背心（被追者）
- 1人在圈外（绿背心），设法拍到穿蓝背心的同学
- 可拓展为5人牵手，1人追逐

回家作业1　菱形跑动

动作方法

- 设一个对角线为10米的菱形场地
- 练习者从中间出发，顺时针依次摸4个角的标志物
- 每一次摸完标志物都要回到中间摸黄色的标志物，之后再进行下一个练习

5组

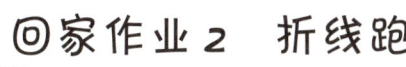

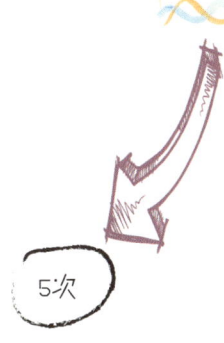
回家作业

回家作业2　折线跑

动作方法

- 放置11个标志物（10米×3米）
- 练习者从第一个标志物开始，依次跑过所有标志物
- 每到一个标志物处都要用手摸标志物

5次

29

主题4 多样跑动

我们平时生活和运动中所采用的跑是一种平常的跑动方式，但是在足球活动中还有一些不同于平常的跑动方式。足球比赛中运动员的跑动速度和跑动方向经常发生变化，为了达到身体平衡和合理地处理球需要采用特殊的跑动方式，如为了增加防守面积采用后撤步。在体育课中练习特殊跑动可以提高我们的协调性。

| 滑步 | 交叉步 | 垫步跑 | 后退跑 |

动脑筋

"观察足球比赛中的运动员，当他们正面防守时采用什么方式跑？"

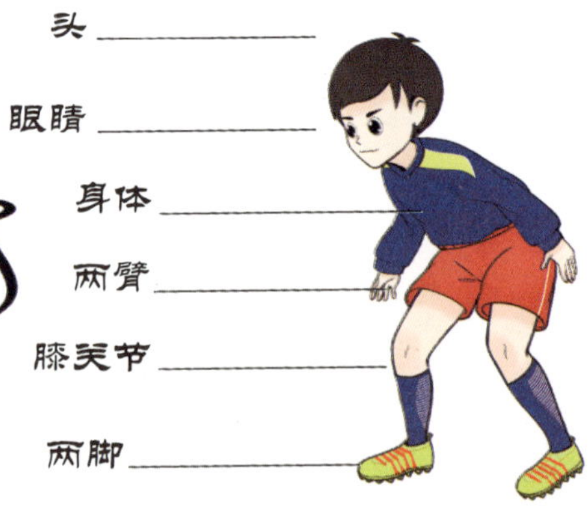

头 _____
眼睛 _____
身体 _____
两臂 _____
膝关节 _____
两脚 _____

填空：在右图下划线处填上适当的内容

练习1 圆圈抢球

动作秘籍

注意信号

牵手跑动

快速起动，眼睛观察

起动抢球

组织方法

- 设圆形场地，场地边缘均匀放置比学生数少1~2个数的足球。同学们围绕内圈做各种方式的跑动
- 老师在中间，当老师吹哨（或手势）时，同学到场地边缘抢球
- 同学们围绕内圈跑动时还可以采用牵手、扶肩、向内伸手等方式

练习2 方形射球

动作秘籍

跑动时　　　　　　　　　　　射门时

直道快跑，转弯减速

起脚前先瞄准

用脚背踢球

组织方法

- 4位同学每人一球，分别在正方形的一个角外站立
- 老师吹哨后（或手势）大家快速逆时针方向跑动
- 跑到原来位置时，用脚边的球击中间的球
- 第一个射中者得1分
- 可采用不同方式跑动，如第1、3段快跑，第2、4段后退跑

32

回家作业1　扇形跑动传球

动作方法

- 设扇形跑动路线，两人沿路线用手相互传接球

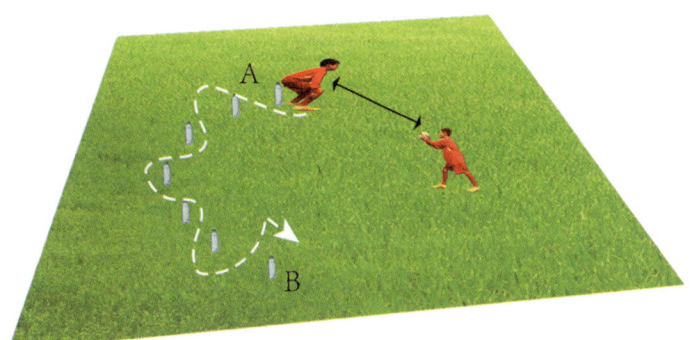

2个来回×10组

回家作业

回家作业2　多样跑

动作方法

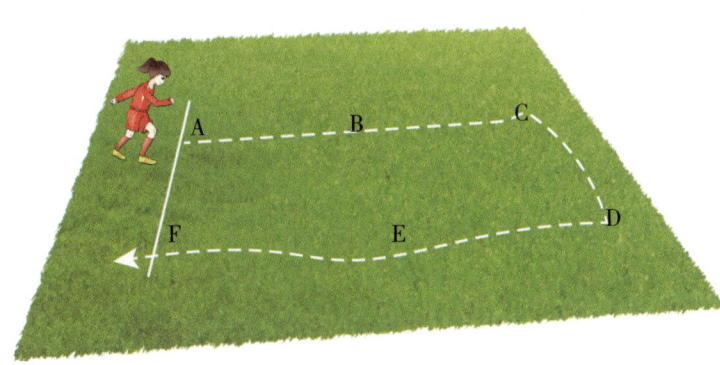

- 练习者从A出发，做多种形式的跑动，到F结束
- 其中AB段正面跑，BC段侧滑步，CD段后退跑，DE段交叉步，EF段高抬腿

10次

第三单元 跳跃

主题1 单脚跳跃

单脚跳是在一只脚支撑的情况下使身体跳起，如单脚跳绳。

生活中单脚跳并不多见，但是单脚跳训练能提高腿部力量及身体的协调性，增加下肢爆发力。

足球活动中的单脚跳较多，如守门员接球、争顶头球等，这是因为运动中单脚跳比双脚跳更加快速和方便。

动作方法

单脚起跳　　　　　用力蹬地　　　　　缓冲落地　　　　　两臂自然摆动

练习1 跳标志

动作秘籍

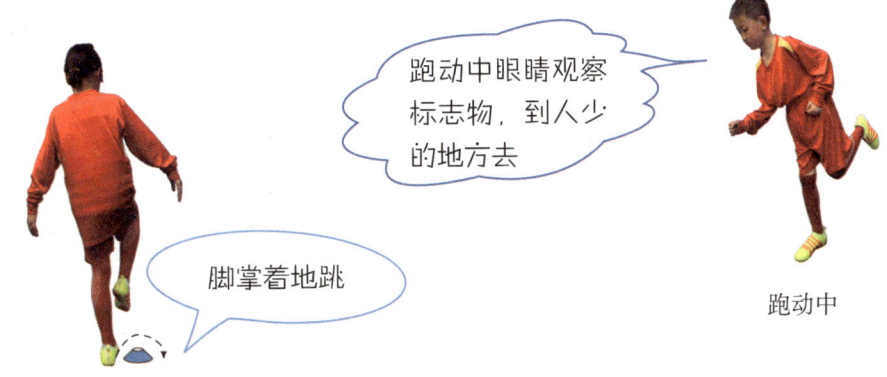

脚掌着地跳

跑动中眼睛观察标志物，到人少的地方去

在标志物两侧单脚跳

跑动中

组织方法

- 区域内随机放置蓝、黄、红3种颜色的标志物
- 同学们在区域内慢跑，遇到标志物时在标志物两侧单脚跳各3次
- 30秒比赛，按以下要求分别练习
    - 记30秒跳过的标志物数量
    - 记30秒按红—黄—蓝顺序跳过的标志物组数

练习2 多彩标志

动作秘籍

练习前熟悉各种颜色标志物对应的要求

先从走动开始

蓝色为单脚站立　　红色为踩3次　　绿色为双脚站立

组织方法

- 一副绳梯，在绳梯外侧随机放置3种颜色的标志物
- 练习者跑绳梯，根据侧面标志物的颜色完成练习
    - 红色为踩3次
    - 没有标志物的每格踩2次
    - 蓝色为单脚站立
    - 绿色为双脚站立

回家作业1 斗鸡

动作方法

设法使对方失去平衡

两人斗鸡

回家作业2 群魔乱舞

动作方法

手脚并用的一节操

1. 两臂侧平举
   右腿外展

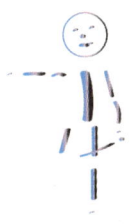

2. 右臂侧平举
   左手身前摸右脚

3. 右腿后踢
   右手身后摸右脚

4. 右腿后踢
   左手身后摸右脚

5. 两臂侧平举
   左腿外展

6. 左臂侧平举
   右手身前摸左脚

7. 右臂外展
   左手身后摸左脚

8. 左腿后踢
   右手身后摸左脚

9局

回家作业

5遍

37

主题 2　双脚跳跃

同学们模仿青蛙跳的动作就是双脚跳，青蛙是两只脚同时用力跳起。

因此双脚跳跃要求双脚同时用力，双臂向上挥以协助身体上升和保持平衡。双脚跳多用于在原地跳跃，单脚跳一般用在跑动中。

足球比赛中的双脚跳常见于原地跳起头顶球、守门员原地跳起接球等。为了增加高度，做这些动作时身体都要伸展开，眼睛要观察场上的情况。

讨论：哪些动物是双脚跳能手，请画出该动物

先下蹲　　　　　再跳起　　　　　保持平衡　　　　向上升

练习1 起动跑

动作秘籍

侧向双脚左右跳

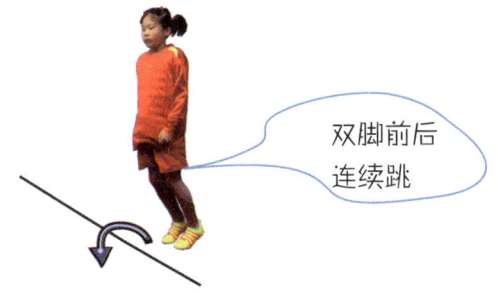

正向双脚前后跳

组织方法

- 同学们在A线前后做双脚跳
- 老师发出信号后快速起动跑到B线，AB相距5米
- 起动前还可以采用

  🌸 单脚前后跳

  🌸 侧向双脚左右跳、侧向单脚左右跳

  🌸 背向双脚前后跳

39

练习2 蜻蜓点水

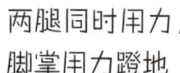

两腿同时用力，脚掌用力蹬地

落地时前脚掌先着地缓冲身体

组织方法

- 一路纵队跳绳梯，结束后从左侧回来
- 双脚跳绳梯，如遇侧面有标志物，近侧脚踩该标志物

回家作业1　立卧撑

动作方法

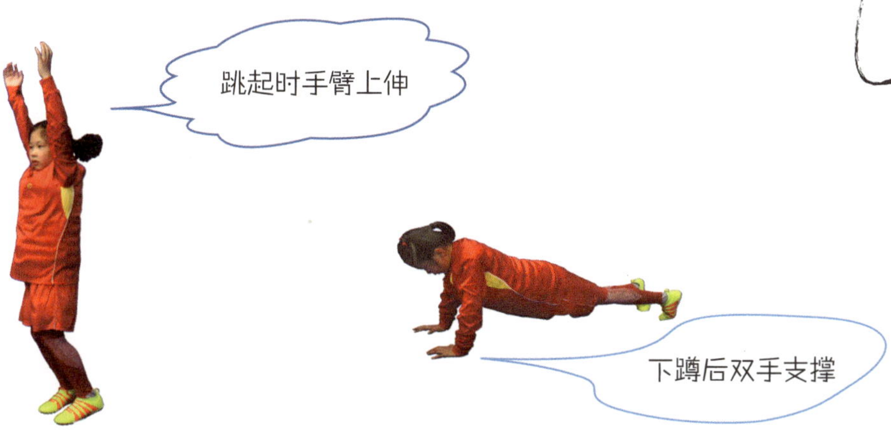

跳起时手臂上伸

下蹲后双手支撑

1. 双脚跳起

2. 俯卧撑

8次×5组

回家作业

10遍

回家作业2　分合跳

动作方法

- 两个4拍的体操
- 1—3拍都相同，第一个第4拍右腿前弓步，第二个第4拍左腿前弓步

（侧视）

1. 两臂侧平举，
   两脚开立

2. 两臂下垂，
   两脚并拢

3. 两臂侧平举，
   两脚开立

4. 两臂下垂，
   腿弓步

主题3　向上跳跃

跳跃是人类的基本活动能力之一，人们在生产劳动中"跳得高"意味着可以获得更多的资源，如可以摘到较高的果子、可以看到更广的区域，所以，"跳得高"是人类追求的目标。

足球活动中球门需要跳得高的人进行把守，头顶高球时需要球员高高跳起。足球活动中有许多跑动中或者争抢中的跳高动作，这样的动作难度更高，对我们的挑战也就更大。

比一比：我们班谁跳得最高

单脚跳高还是双脚跳高？

双脚跳几乎是单脚跳的两倍力量。原地双脚起跳比单脚起跳高

跑动时单脚起跳更高。有助跑时单脚起跳可以最大限度地将水平速度转化为垂直速度

练习1 四面出击

动作秘籍

企鹅脚　　　　　　　　　　向前跳跃

两脚内侧碰球，眼睛看老师

双脚连续前跳

组织方法

- 用4个不同颜色的标志物摆放成菱形
- 每个菱形中间有一位同学，老师在前面，手拿4种颜色的标志物（放身后）
- 练习开始，同学们在中间做企鹅脚练习，老师手举一个标志物，同学根据标志物的颜色跳向该种颜色的标志物再返回

43

练习2 跳跃传接球

动作秘籍

前脚掌蹬地，手臂伸摆

动作协调连贯

双脚跳

单脚跳

组织方法

- 练习者跳过7个栏架后接老师传来的球
- 老师可以传空中球、反弹球、地滚球等

回家作业1 下蹲跳

动作方法

15次 × 5组

膝关节弯曲，重心下降

两臂上伸，重心上升

下蹲　　　上跳

回家作业

回家作业2 折线跑

动作方法

- 如图放置11个标志物（10米×3米）
- 练习者从第一个标志物开始，依次跑过所有标志物
- 每到一个标志物处都要用手摸标志物

5次

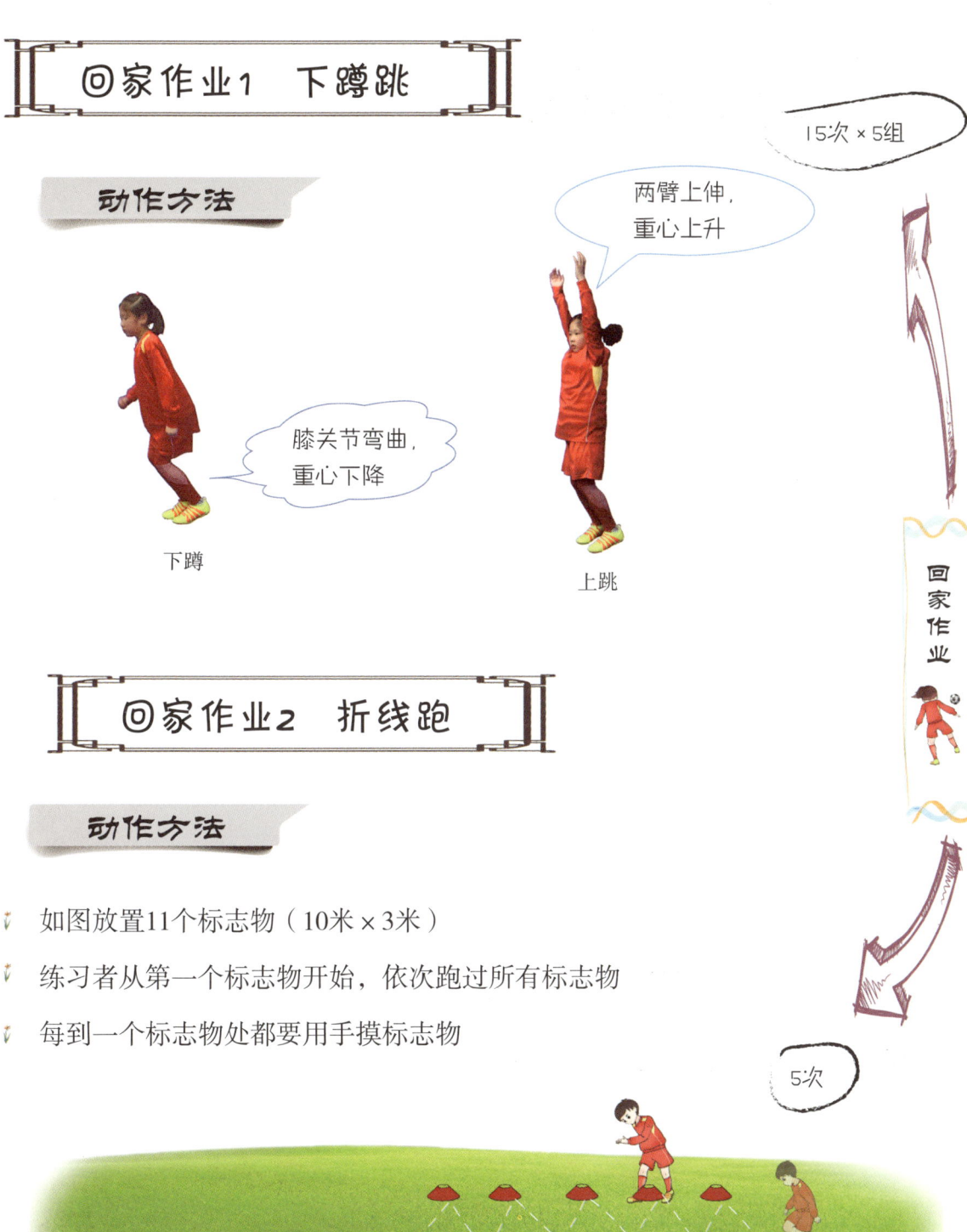

主题4　向前跳跃

我们日常生活中有时需要向前跳跃，如当我们跨越水塘时，为了少接触水，增加空中距离，就需要向前跳跃。向前跳跃可以单脚跳也可以双脚跳，可以原地跳也可以助跑跳。

向前跳跃的距离与蹬地的力量有关，所以我们要增加蹬地的力量。跳得是否远与跑动速度有关，一般而言速度越快跳得越远，此外还与跳的技术有关。足球活动中的跳跃多为随机性跑动中的跳跃，它不单要求跳得高，而且需要跳得合理、跳得安全。足球活动中的跳跃是以观察为前提的，以合理处理为目的。足球活动中的跳跃有形式多样、方向多面、快慢结合、对抗激烈等特点。

这个单元我们将通过趣味的体育活动帮助同学们提高向前跳跃的距离。让我们像兔子一样轻松欢快地跳跃吧！

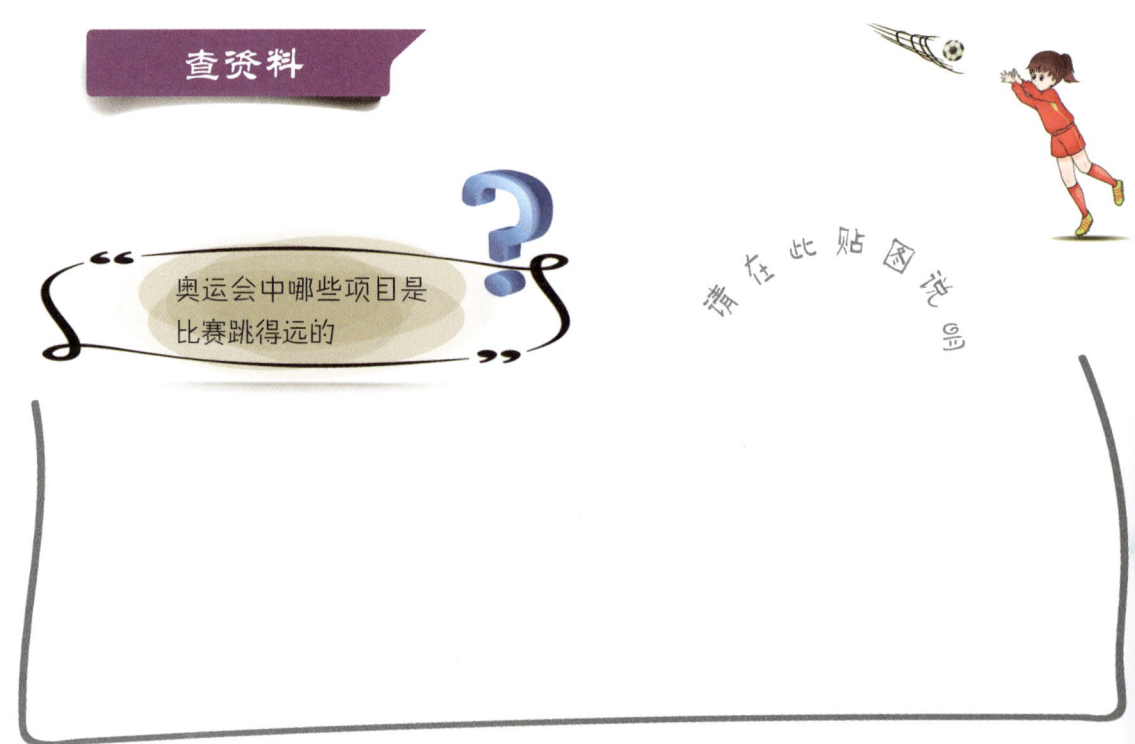

查资料

"奥运会中哪些项目是比赛跳得远的？"

请在此贴图说明

练习1　跳圈传接球

动作秘籍

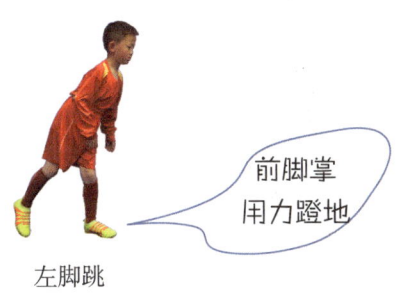

左脚跳　——　前脚掌用力蹬地

右脚落地　——　右脚落地，脚后跟过渡到前脚掌

组织方法

- 一路纵队，同学们依次单脚跳圈，之后接老师传来的球
- 老师可以传地滚球、反弹球、空中球

47

练习2 综合射门

动作秘籍

重心下降，身体扭转

快速绕杆

双脚连续跳，脚掌用力蹬地

跳标志物

组织方法

- 同学从A出发绕标志杆，在B处完成360度转身，C处双脚跳，D处射门
- 只有射进门才完成，如没射进则将球放回原地继续射
- 射进后将球放在原地，回到A处与下一位同学击掌，下一位同学开始练习

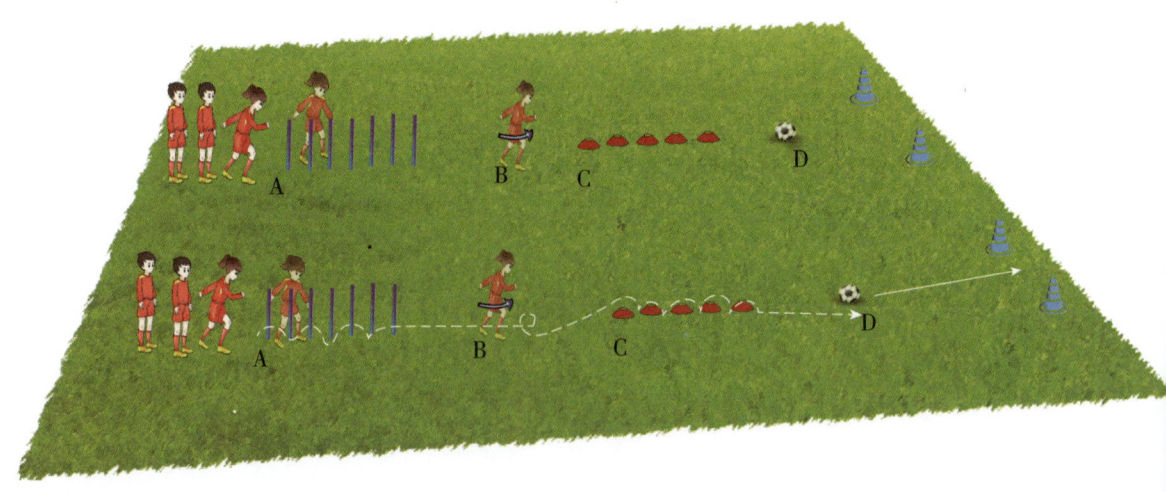

回家作业1 公鸡下蛋

动作方法

- 大腿夹球跳
- 脚掌用力蹬地向前跳，大腿夹稳球

回家作业2 跳绳

动作方法

- 两上臂贴近身体，手腕用力
- 前脚掌起跳落地，落地时膝盖微屈做缓冲
- 呼吸自然有节奏

双手持绳

双手摇绳

5米×10组

回家作业

单脚跳绳 100次×10组
双脚跳绳 80次×10组

第四单元 滚转

主题 1 向前滚翻

动物中有很多翻跟斗高手，它们平时玩耍时经常翻跟斗，它们翻跟斗就像我们下蹲一样随便。同学们是否知道动物们翻跟斗的诀窍是什么？

动作方法

双脚蹬地　　　　低头含胸　　　　依次着地　　　　连贯圆滑

练习1 夹球前滚翻

练习秘籍

两脚夹紧球，臀部抬起

蹬腿前倾，低头团身

准备姿势　　　　　向前滚翻

组织方法

- 每人一球，双脚夹球
- 从起点开始做3~5次前滚翻

51

练习2 前滚翻射门

练习秘籍

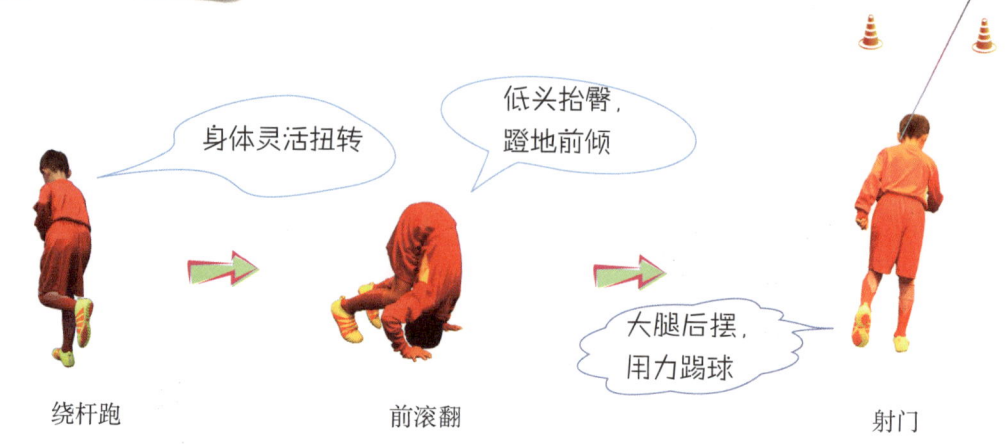

绕杆跑　　　　　前滚翻　　　　　射门

身体灵活扭转

低头抬臀，蹬地前倾

大腿后摆，用力踢球

组织方法

- 两路纵队，老师发出信号后每组第一人从A处出发
- 绕过标志杆（或双脚跳过标志物），根据老师举的标志物摸该颜色标志物，做两个前滚翻，摸第二个标志物
- 射小球门（直到射进后），将球放于原处，跑回与下一个同学击掌，下一个同学开始
- 先完成的组获胜

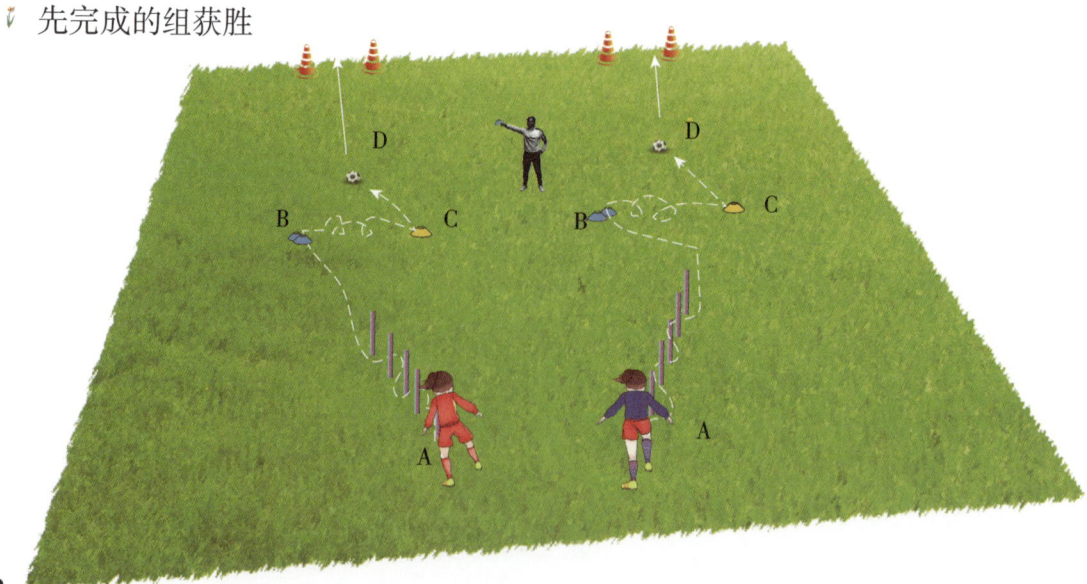

回家作业1　抱球钟摆

动作方法

双手抱球、曲膝团身，头背臀脚依次着地

20次×5组

回家作业

回家作业2　夹球爬行

动作方法

- 双手撑地，两脚夹球
- 移动方法为两手先向前移动，之后两脚前移
- 注意要在柔软的地面上进行

5米×5组

主题2 侧扑侧滚

守门员勇敢的侧面扑接球就是侧扑。生活中当我们被障碍物绊倒时会发生侧摔，如果你经历过侧扑训练，那么你的反应速度和平衡身体的能力就会让你避免受伤或减少受伤的可能。

侧滚是直体身体翻滚，练习侧滚可以提高我们的平衡能力和体验不同体位的身体感觉。以下为可能发生摔倒的情况。

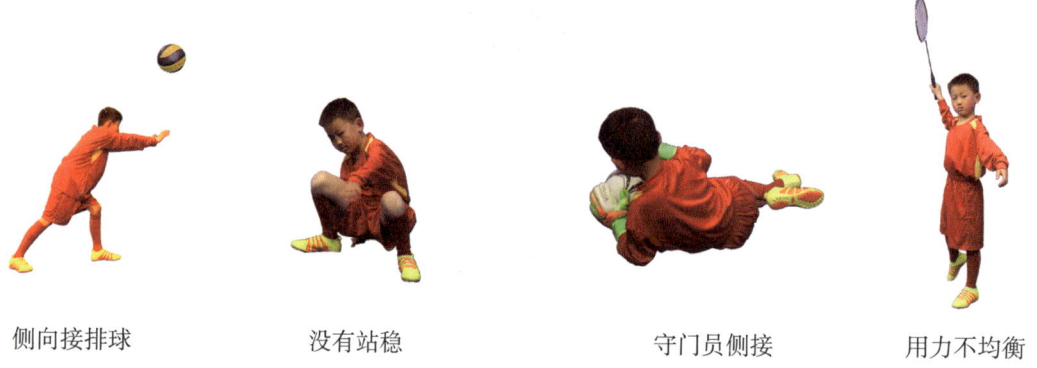

| 侧向接排球 | 没有站稳 | 守门员侧接 | 用力不均衡 |

动脑筋

足球活动中如何避免摔跤

请在此填写

眼睛 _____

重心 _____

两膝 _____

两脚 _____

练习1 扇形侧滚

练习秘籍

两脚保持距离，重心下降

身体收紧旋转

侧滑步　　　　　　直体转身

组织方法

- 从A到B跑过6个标志物。可采用侧滑步、小步跑、单脚跳、双脚跳等
- 之后直体滚翻接传球

扇形侧滚

练习2 侧扑

小腿、大腿、臀、手臂依次着地

重心下降，身体向侧扑方向倾斜

准备侧扑　　　　　　　　　侧扑

- 一路纵队，依次做以下练习

  - 坐位侧扑。根据老师的手势确定动作方向
  - 蹲位侧扑。根据老师的手势确定动作方向
  - 站位侧扑。老师叫"1-蹲""2-扑"，并指明方向
  - 叫号侧扑。给每个同学编号，老师叫号的同时向其传球，该同学侧扑接球

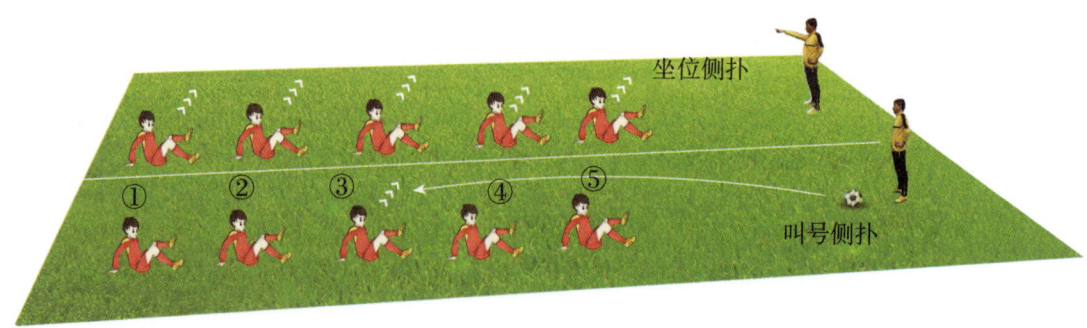

回家作业1　侧滚传球

动作方法

> 远侧脚用力，收腹转体

> 眼睛看球

直体转身传接球

回家作业

连续转2圈

5次×8组

回家作业2　腿桥

动作方法

- 双脚和肩撑地，双手将球在身下左右传

 主题3 身体旋转

小明:"小勤,我们两个来比赛旋转。"

老师:"旋转要量力而行,在我们还没经过练习的情况下,我们的旋转能力不强,逞能会造成受伤。"

旋转可以锻炼我们的平衡能力,使我们坐汽车、坐轮船、坐飞机时不头晕。海军和空军叔叔们都需要有很强的旋转能力。

以下转身在足球活动中十分常见。

接球转身　　　　　　向后拉球　　　　向后转身　　　颠球转身

比一比:谁的平衡能力好

- 闭眼原地转3圈后沿着直线走5米
- 测量离开中线的距离,离得越近平衡能力越好

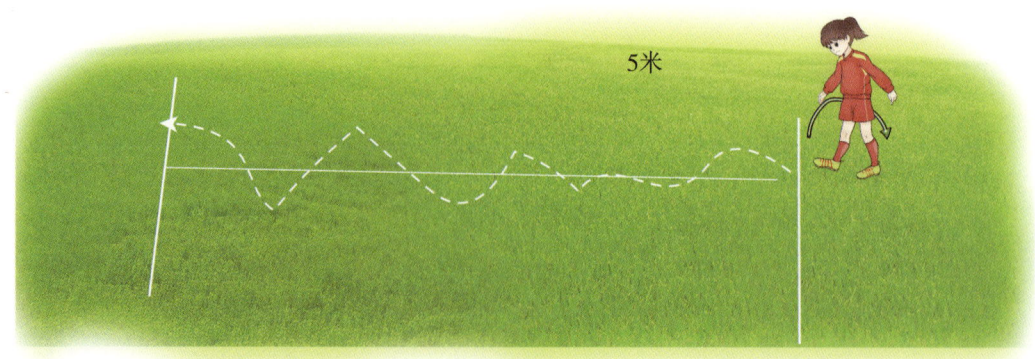

练习1 反应转身

练习秘籍

1. 双脚跳　　2. 下蹲　　3. 侧扑　　4. 360度转身

组织方法

- 同学两路纵队跑动，看老师信号做动作，老师手势如下

  - 1-下蹲
  - 2-下蹲
  - 3-侧扑
  - 4-360度转身

练习2 旋转射门

练习秘籍

保持身体平衡　步伐灵活，手臂外展　　　　　单脚支撑稳定

旋转身体　　　　　　　　　　　　射门

组织方法

- 原地旋转3圈后射门
- 个人或分组进行比赛

回家作业1 绕8字

动作方法

用脚掌拉球变向

拖拉球绕8字

回家作业2 拍抛球转身

动作方法

- 每人一球,做拍球转身、裆后抛球、右抛左接

10次×10组

回家作业

每种练习10次×10组

拍球—转身接球

裆后抛球—转身接球

右手抛球—转体180度—左手接球

主题4 保持平衡

在日常生活和足球活动中有时会出现摔跤、滑倒等现象，这主要是因为身体失去平衡。摔倒后如何避免受伤，这是我们要学习的内容。

常见的摔倒原因有：

被别人撞

场地不平

落地不好

注意力不集中

动脑筋

摔倒后不准确的落地动作是

请在此填写

头部 _____

着地 _____

身体 _____

手 _____

练习1 五颜六色

跳起

侧扑

转身

摸地

组织方法

- 同学两路纵队跑动，根据老师手举标志物的颜色做动作

  - 蓝色-跳起
  - 红色-侧扑
  - 黄色-转身
  - 橘色-摸地

练习2 绕杆射门

练习秘籍

争抢中抢占位置保持平衡

支撑脚稳定，设法射门

跑动抢球　　　　抢先射门

组织方法

- 设置两路标志杆，底线上设两个小球门
- 同学站两路纵队A处标志杆后等待，老师发出信号后出发绕杆，抢B处的球射门
- 射进后将球放回原地，回到A处

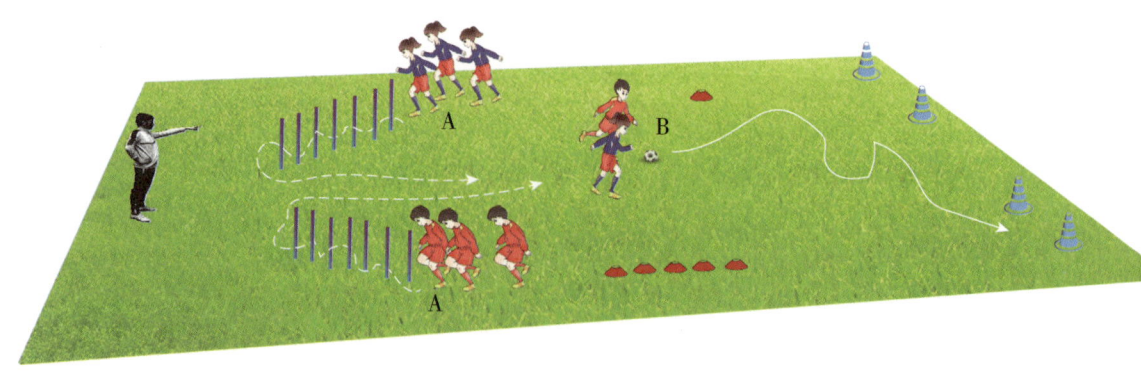

64

回家作业1 单脚推手

动作方法

将对方推倒或推出圆则获胜

单脚站立　　　　　手推对方

10局×2组

回家作业

回家作业2 金鸡独立

动作方法

无球练习　　　　　有球练习

每种动作20秒×5组

- 无球练习可做单脚前后左右伸、单脚跳跃
- 有球练习可做绕腰、8字绕腿、抛接球

第五单元 综合

主题1 快乐轮转

"快乐轮转"可以让同学们在一次课中玩4种游戏,并与不同的同学一起练习,可以提高多种身体素质。

方法:

- 全班同学分成8组,每个场地有2组,分别穿蓝色和红色分队服

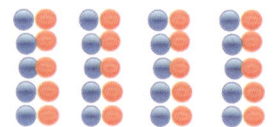

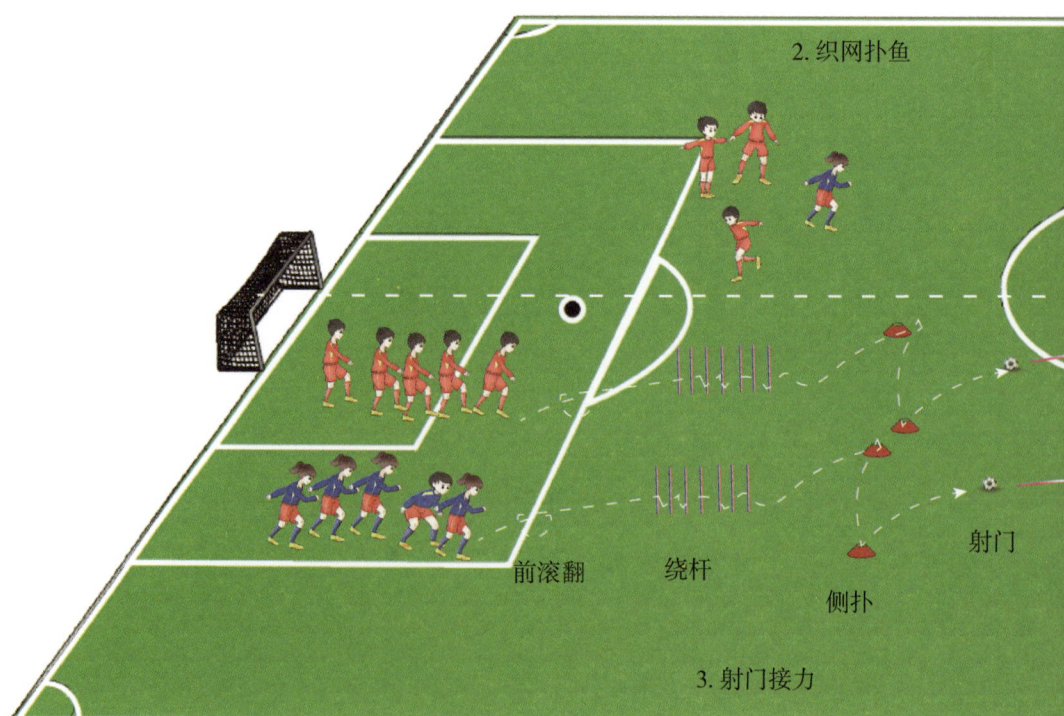

2. 织网扑鱼

前滚翻　绕杆　侧扑　射门

3. 射门接力

第一课

场地	主题	名 称	方 法
1	走	企鹅脚	每人一球,沿标志物做企鹅脚(按不同颜色、不同顺序)
2	跑	织网捕鱼	先指定两个同学手拉手捕鱼,被抓到的同学与其牵手一起抓别人
3	侧扑	射门接力	两队接力比赛,做前滚翻—绕杆(或摸标志物)—侧扑—射门
4	比赛	5对5过线得分	5对5比赛,踢球或运球过对方端线得分

练习中老师吹哨后,穿红色队服的同学逆时针到下一区域练习,穿蓝色队服的同学顺时针到下一区域练习

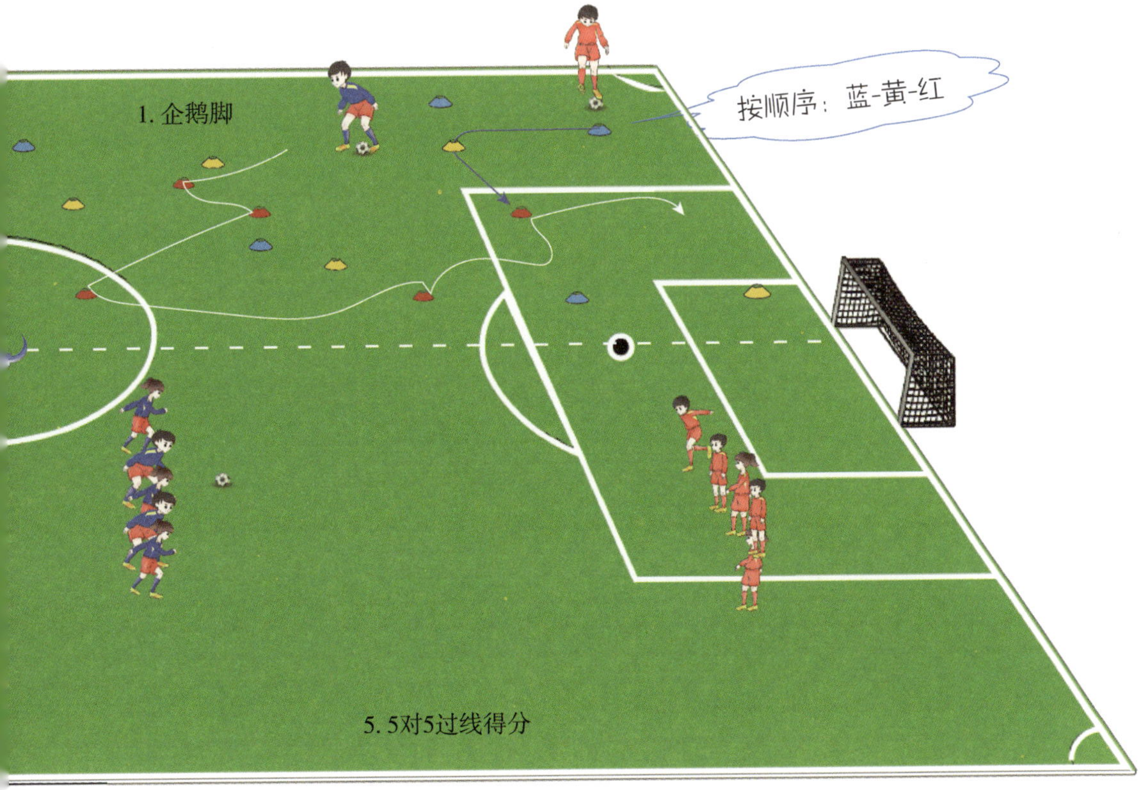

1.企鹅脚

按顺序:蓝-黄-红

5.5对5过线得分

67

"快乐轮转"要求同学们遵守纪律、听从指挥。
每一小组选出一名组长，他的主要任务是协助管理、当裁判员（课前需培训），每次轮转时要求快速到下一个区域。

1. 手控球转身

2. 抢标志

小组长任务：

- 负责本场区的裁判工作
- 协助老师工作

第二课

场地	主题	名　称	方　法
1	转	手控球转身	每人一球—拍球—抛球—转身—接球
2	跑	抢标志	区域内放置少于人数的标志物，跑动中听哨声脚抢踩标志物
3	跳	射门接力	左脚跳—右脚跳—双脚跳—抛球射门—将球放回原处—击掌
4	比赛	5对5比赛	球进小门且球须低于膝盖得分

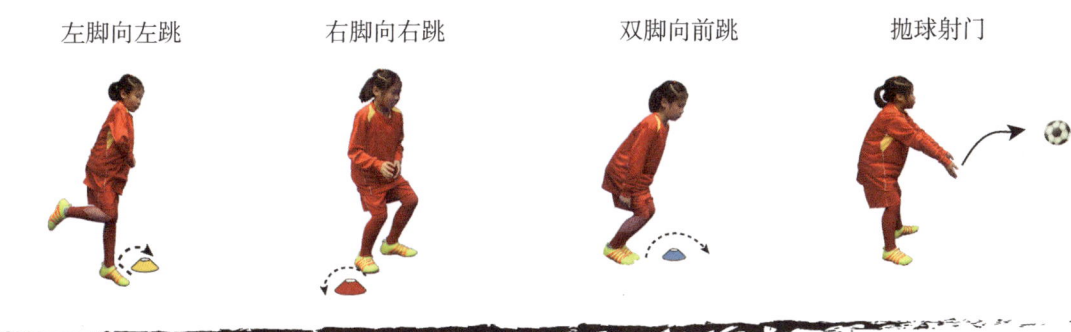

3. 接力射门

4. 5对5比赛

69

主题2 能力测试

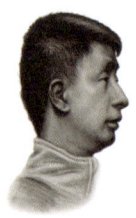

> 经过学习同学们掌握了很多身体锻炼的方法，都有了很大的进步。今天我们将通过测试看看我们有哪些进步。测试主要是挑战自我，同时也是向其他同学学习的好机会。

星级标准

素质	名称	★★★★★	★★★★	★★★	★★	★
走	手托球走	9.10 秒	9.30 秒	9.50 秒	10.10 秒	10.30 秒
跑	抱球绕杆射门	9.30 秒[2]	10 秒[1]	10.30 秒	11.30 秒	12 秒
跳	单双脚跳	19 秒	19.30 秒	20.30 秒	21 秒	22 秒
滚扑	三角形滚扑	8.30 秒	9 秒	9.30 秒	10 秒	10.30 秒

注：[1]为达到该标准即为1级，[2]为达到该标准即为2级

测试1 手托球走

方法

- 球上放一本书，手托球走10米
- 书或球掉下则从掉下的地方放好后继续走
- 记录从起点到终点的时间
- 每人3次机会，选优

手臂伸直，保持平衡

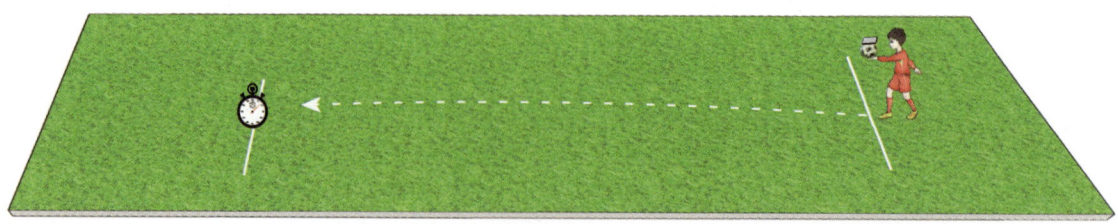

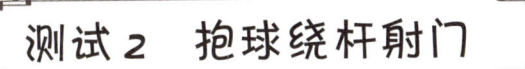

测试 2　抱球绕杆射门

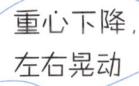
重心下降，左右晃动

手抱球绕障碍

大腿后摆前踢

射门

方 法

- A至B5米，B至C8米，C至D5米，D至E7米，球门宽1.5米
- 抱球从起点出发，绕过标志桶，放球射门
- 记录从出发到球进球门的时间
- 每人3次机会，选优

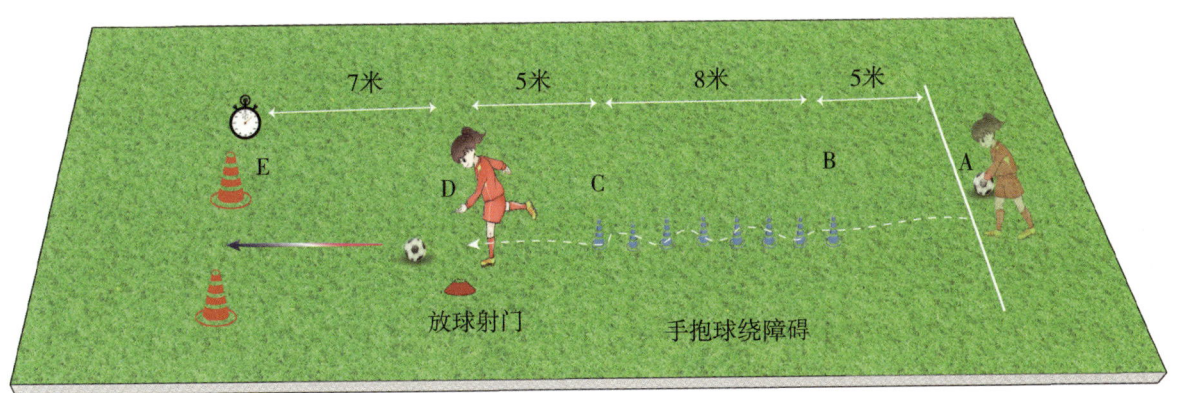

71

测试3　单双脚跳

保持平衡　　　　　　　手臂上摆　　　　　　　缓冲落地

方　法

- 场地布置如图，其中横向标志物间隔为40厘米，纵向标志物间隔为50厘米
- 测试者从A处出发到B处单脚跳（左脚过红标志物，右脚过黄标志物）—C处双脚跳过5个标志物—D处颠5次球—返回A处。记录整个过程的时间
- 每人3次机会，选优

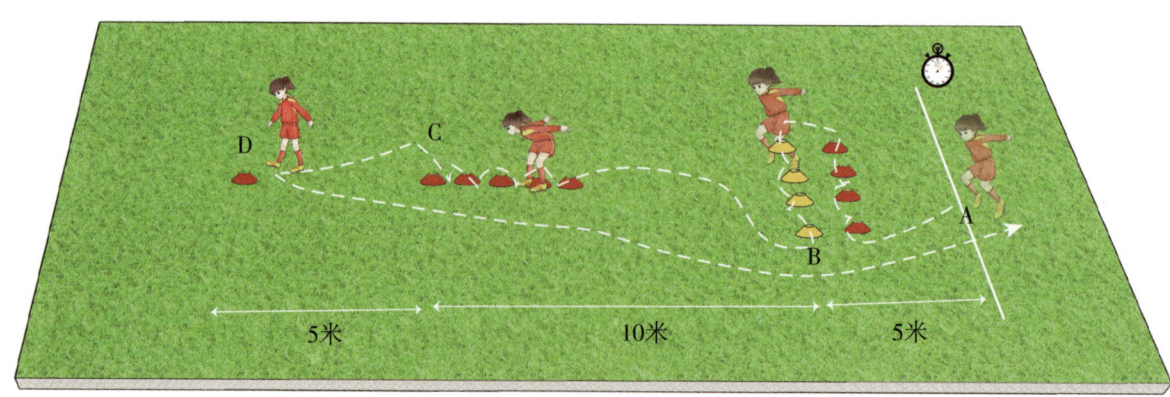

测试4 三角形滚扑

侧扑　　　　　　　　　　　　　前滚翻

方　法

- 将标志物摆放成边长为10米的等边三角形
- 从A处出发做一次前滚翻，跑到B处向右侧侧扑，再跑到C处做左侧扑
- 记录从出发到手摸到C处标志物的时间
- 每人3次机会，选优

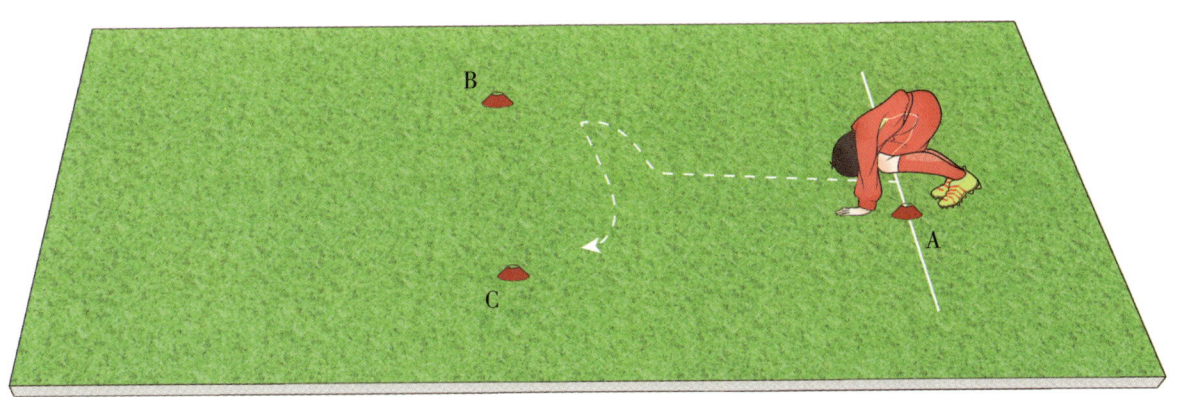

图书在版编目（CIP）数据

校园花式足球.1~2级/王勇川主编
.–北京：人民体育出版社，2019
（校园花式足球丛书）
ISBN 978-7-5009-5599-3

Ⅰ.①校… Ⅱ.①王… Ⅲ.①足球运动—小学—教材
Ⅳ.①G624.81

中国版本图书馆CIP数据核字（2019）第137547号

*

人民体育出版社出版发行
北京中科印刷有限公司印刷
新 华 书 店 经 销

*

787×1092　16开本　5.25印张　30千字
2019年9月第1版　2019年9月第1次印刷
印数：1—5,300册

*

ISBN 978-7-5009-5599-3
定价：23.00元

社址：北京市东城区体育馆路8号（天坛公园东门）
电话：67151482（发行部）　　邮编：100061
传真：67151483　　　　　　　邮购：67118491
网址：www.sportspublish.cn

（购买本社图书，如遇有缺损页可与邮购部联系）